교회를 부탁해

교회를 부탁해

예수님이 기뻐하시는 교회를 되찾아가는
비밀한 추리 여정

김민석 지음

새물결플러스

차례

작가의 말   6

CHAPTER 01	**추적의 시작**	11
CHAPTER 02	**알약의 해체**-바실리카	49
CHAPTER 03	**알약의 해체**-텔루스, 아폴로	85
CHAPTER 04	**폐쇄와 전환**	117
CHAPTER 05	**에빵의 재료**-근원으로 돌아가라	155
CHAPTER 06	**에빵의 재료**-하나님의 계명	185
CHAPTER 07	**에빵의 재료**-그리스도의 신실함	213
CHAPTER 08	**진리의 빵**	245

작가의 말

어릴 적부터 다녔던 '교회'는 내게 늘 굳건하고 거대한 산 같았다. 대학 진학으로 서울에 오기 전까지 다녔던 부산의 모교회는 지금 돌이켜 생각해보면 흔치 않게 좋은 신앙 환경을 제공해주었다. 그래서 나는 자연스레 다른 교회들도 내가 속했던 교회와 크게 다르지 않을 거라고, 그게 평범한 '교회'의 모습이라고 속 편하게 생각했던 것 같다. 하지만 20대 시절 고향을 떠나서 직간접적으로 보게 된 다양한 한국 교회의 모습들은, 내가 그전까지는 한 번도 해보지 못한 생각을 갖게 했다. 교회가 병들었다는 생각. 교회는 더 이상 산 같지도, 굳건해 보이지도 않았고, 되레 무척 야위고 병든 아이처럼 느껴졌다. 세상을 향해 대놓고 자랑이라도 하려는 듯 화려하게 지어대는 거대한 예배당들, 하나님을 자기 성공을 위한 전능한 시녀처럼 여기는 자아도취적 간증들, 예배라기보다는 스타 강사의 강의실 같은 공예배 현장, 그리고 그 안에서 좀처럼 찾아보기 어려웠던 예수님의 말씀에 대한 열정과 하나님 나라에 대한 비전.

이 작품에 등장하는 '에끌'이라는 소녀 캐릭터는 내가 교회에 대해

받았던 그런 슬프고 충격적인 인상에 의해 탄생했다. 그리고 교회란 대체 뭔지, 교회는 어떠해야 하는지, 에끌이라는 캐릭터를 통해 처음으로 고민하기 시작했다. 『교회를 부탁해』는 그런 고민 속에서 탄생한 작품이다.

이 작품은 2012년 가을부터 웹툰으로 연재를 시작해서 2013년 여름에 총 21회차 분량으로 완결되었고, 동료인 김영화 작가가 만들었던 1인 출판사를 통해 책으로도 출간이 되었었다. 다만 사정상 그 출판사가 폐업하면서 책이 절판 상태가 되었고, 이후로 『교회를 부탁해』 책을 구하려는 독자분들에게 본의 아니게 큰 불편을 끼쳤다. 이 자리를 빌려 사과드린다. 다행스럽고 감사하게도, 새물결플러스 출판사에서 이 작품이 다시 책으로 세상에 나올 수 있게 큰 배려를 해주신 덕택에 이렇게 재출간이 가능했다. 새물결플러스의 김요한 대표님과 재출간 작업으로 수고해주신 모든 분들께 마음 깊이 감사드린다.

재출간되는 『교회를 부탁해』는 기존의 내용에서 몇 가지 수정된 부분이 있다. 가톨릭과 정교회, 성공회 등이 공유하는 일부 전통에 대한 지나친 비판을 덜어냈고, 에끌의 생명을 위협하는 '세 가지 알약' 중 하나였던 '불가타'가 알약에서 빠졌다. 불가타의 경우, 성경을 일부 성직자들만의 전유물로 만들었다는 점에서 비판적으로 다루었었지만, 그 내용은 두 번째 알약(성직자와 평신도의 구분에 관한)에 대한 내용 안으로 포함될 수 있다는 점, 그리고 불가타역 성경 자체가 가지는 학문적인 가치가 자칫 폄하될 수 있다는 점을 고려해서 빠지게 되었다. 그리고 후반부의 주요 내용 중 하나인 '피스티스 크리스투'를 설명하는 부분들도 당시의 다소 불완전한 이해를 보충하는 방식으로 수정했다. 수정 작업을 하다 보니 『교회를 부탁해』 연재 당시에 비해 현재의 내가 생각이 달라진 부분들도 적지 않게 보였고, 하마터면 이곳저곳 과도하게 수정을 할 뻔 했다. 그렇게 욕심을 부렸다면 이 작품에 대한 좋은 기억을 갖고 있는 독자분들께, 그리고 과거의 나 자신에게 일종의 위선이 되었을 것이다. 그 생각이 들어 수정 작업은 위와 같은 선에서 그쳤다.

처음 이 작품을 구상하기 시작했던 때로부터 6년이 지난 지금, 안타깝게도 교회는 여전히 병들고 아파 보인다. 뉴스를 통해 접하는 교회에 대한 소식들은 이전보다 더 심각한 이야기들로 가득하다. 교회에 대한 회의적이고 조소 어린 시선은 날이 갈수록 더해진다. 그럼에도 여전히 교회에 대한 소망의 끈을 힘겹게 놓지 않고 있는 분들이 적지 않음을 본다. 포기하지 않고 길을 더듬어 찾고 있는 분들이 있음을 본다. 이 작품이 그런 분들께 아주 작은 위로라도 될 수 있기를 바란다.

2018. 12. 11
김민석

CHAPTER **01**
추적의 시작

매튜 탐정사무소

어처구니없는 의뢰가 들어왔다.

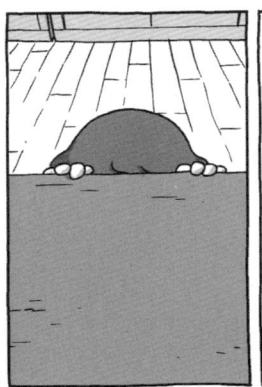

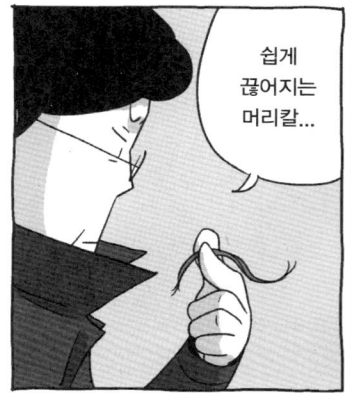

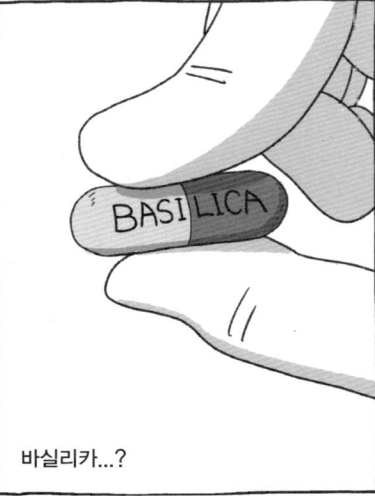

CHAPTER 02
알약의 해체
- 바실리카

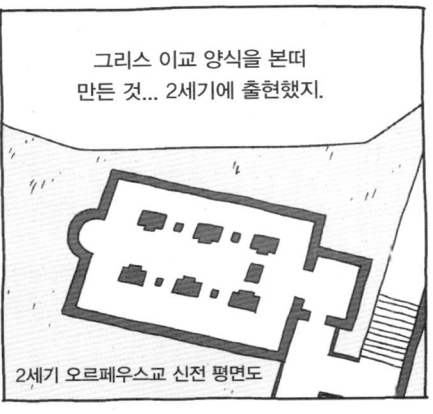

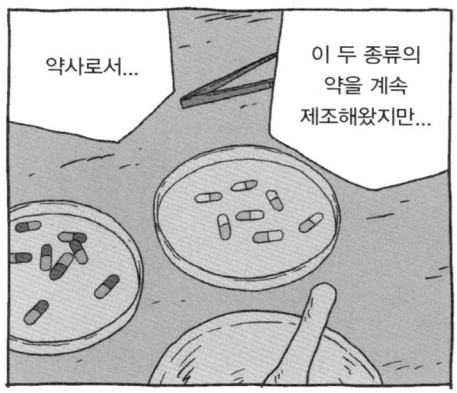

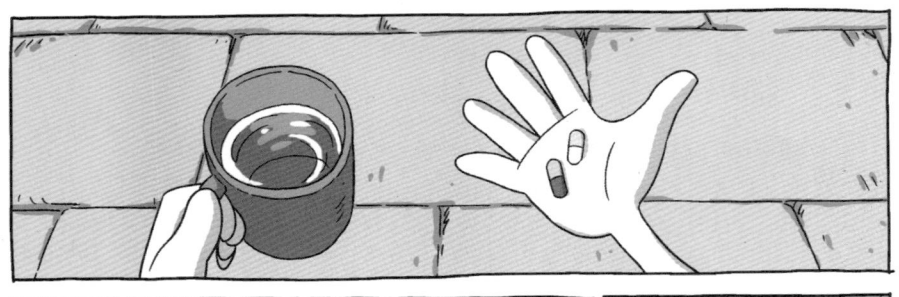

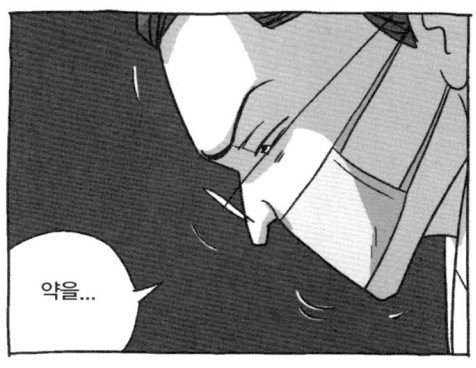

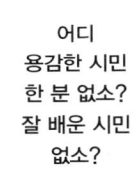

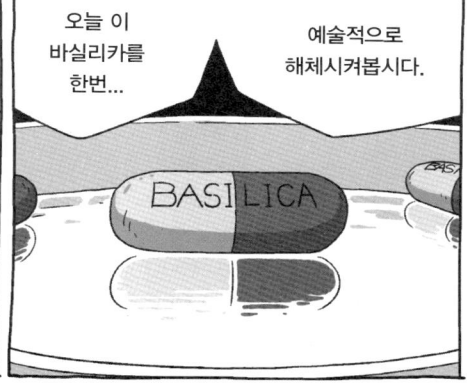

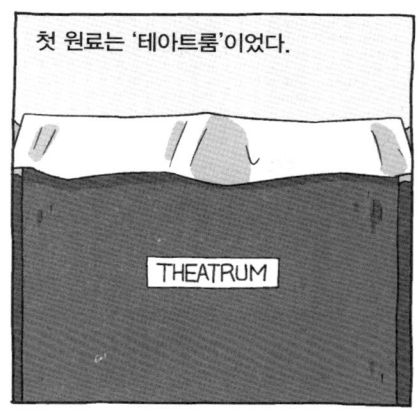

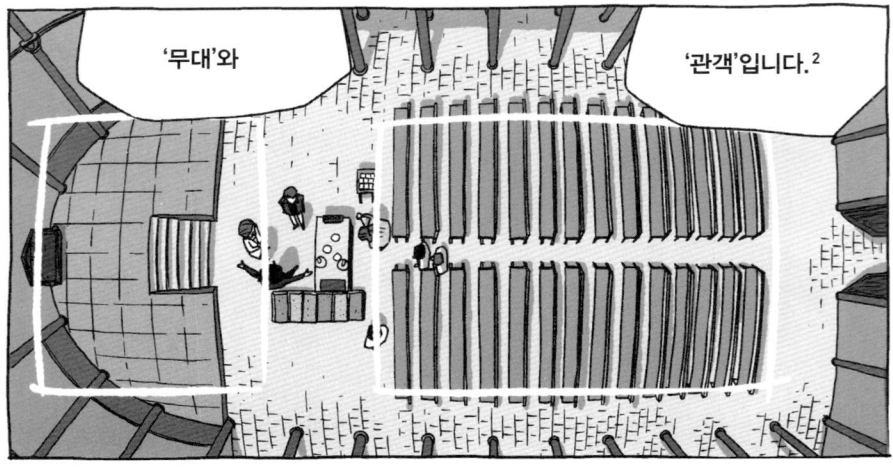

"그리스도의 말씀이 너희 속에 풍성히 거하여
모든 지혜로 피차 가르치며 권면하고
시와 찬송과 신령한 노래를 부르며
감사하는 마음으로 하나님을 찬양하고"

− 골로새서 3:16

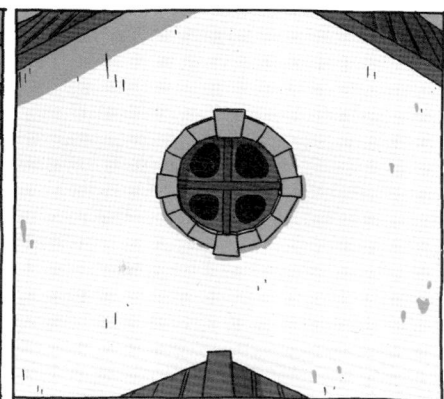

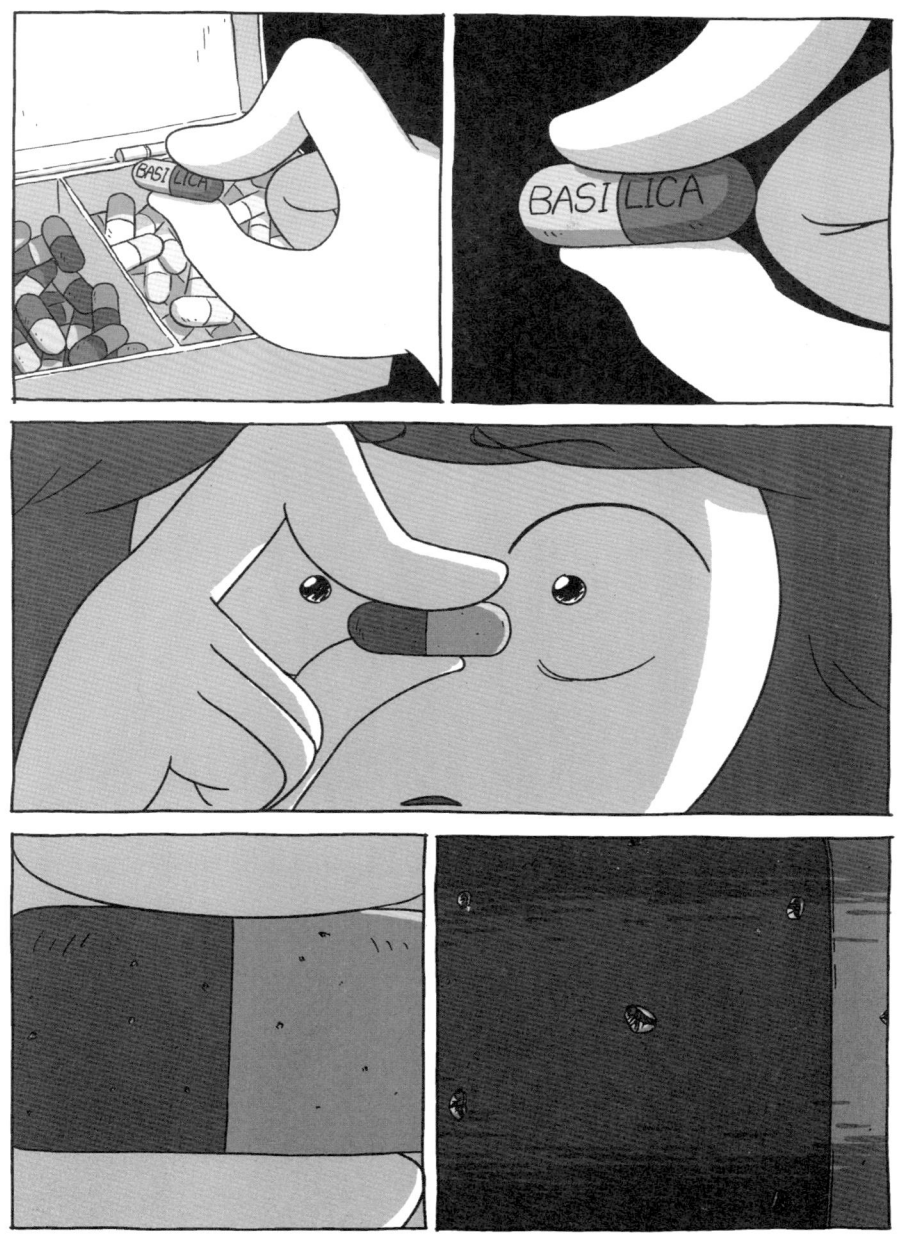

 주

1. 라바룸(Labarum): '그리스도'의 그리스어 첫 두 글자 X(키)와 P(로)가 합쳐진 문양.

2. Frank Viola, George Barna, 『이교에 물든 기독교』(대장간 역간), 72–75, 84–89.

3. Frank Viola, George Barna, 같은 글.

CHAPTER 03
알약의 해체
- 텔루스, 아폴로

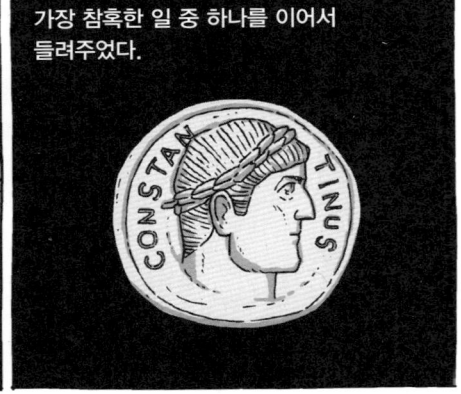

"모든 계명 중에 첫째가 무엇이니이까?
예수께서 대답하시되 '첫째는 이것이니…
네 마음을 다하고 목숨을 다하고 뜻을 다하고 힘을 다하여
주 너의 하나님을 사랑하라 하신 것이요,
둘째는 이것이니 네 이웃을 네 자신과 같이 사랑하라 하신 것이라.
이보다 더 큰 계명이 없느니라'"
― 마가복음 12:28-31

"그가 무저갱을 여니
그 구멍에서 큰 화덕의 연기 같은 연기가 올라오매
해와 공기가 그 구멍의 연기로 말미암아 어두워지며
또 황충이 연기 가운데로부터 땅 위로 나오매
그들이 땅에 있는 전갈의 권세와 같은 권세를 받았더라"
— 요한계시록 9:2-3

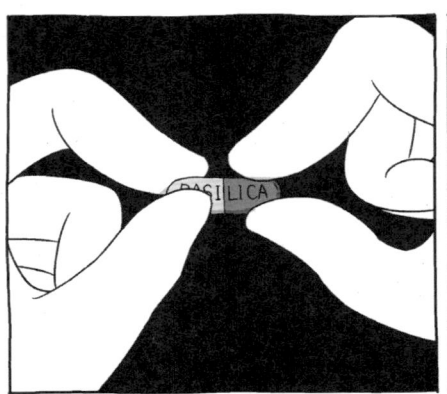

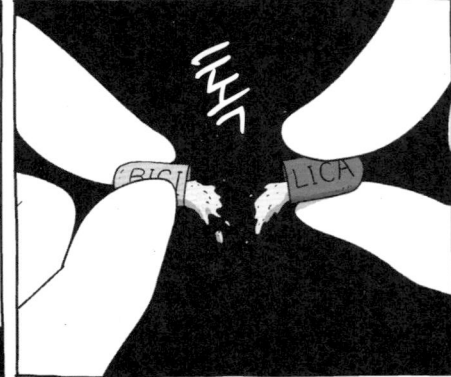

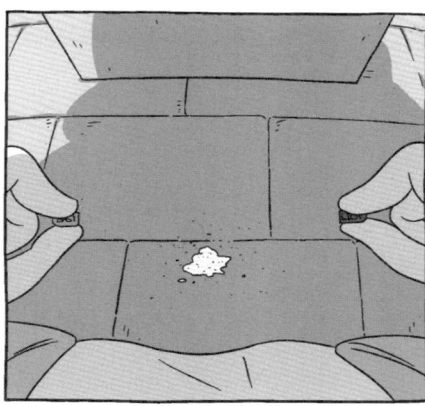

 주

1. Andrew Miller, *Short Papers on Church History*. vol. 1.(1874), 357.

2. Andrew Miller, 같은 책, 362.

3. Frank Viola, George Barna, 『이교에 물든 기독교』(대장간 역간), 177-178.

4. Frank Viola, George Barna, 같은 글.

5. Andrew Miller, 같은 책, 357.

CHAPTER 04
폐쇄와 전환

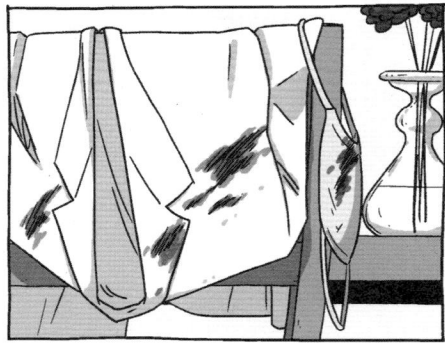

벌써 의기양양해 하지 마-

진짜 게임은 지금부터니까.

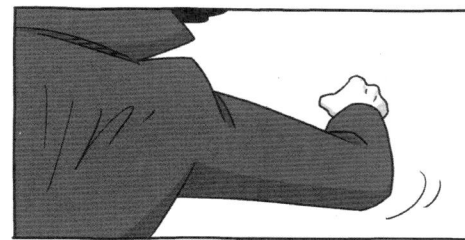

"마샬의 왕이 등극할 날이 머지 않았다..."

"상하여 죽게 된 자가 일어나면..."

이건 무슨 헛소리야?

"마침내... 온 마샬이 그를 보고 따르리라..."

그냥 독수리 마크네요...?

잘 봐봐.

여인이... 탔네요.

아, 아까 그 광야, 큰 독수리가 포함된 말씀...

뱀의... 낯을 피해 광야로 붙들려간 여자!

"용이 자기가 땅으로 내쫓긴 것을 보고 남자를 낳은 여자를 박해하는지라.
그 여자가 큰 독수리의 두 날개를 받아 광야 자기 곳으로 날아가
거기서 그 뱀의 낯을 피하여 한 때와 두 때와 반 때를 양육 받으매"

— 요한계시록 12:13-14

주

1. 에레모스(ἔρημος): 그리스어로 '광야', '한적한 곳'이란 의미.

CHAPTER 05
에빵의 재료
- 근원으로 돌아가라

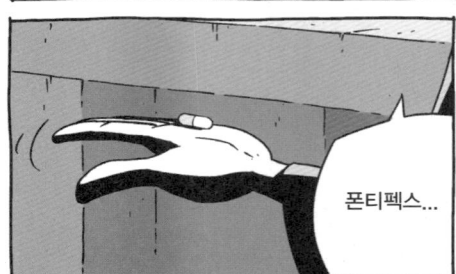

"…일찍이 죽임을 당하사 각 족속과
방언과 백성과 나라 가운데에서
사람들을 피로 사서 하나님께 드리시고
그들로 우리 하나님 앞에서
나라와 제사장들을 삼으셨으니
그들이 땅에서 왕 노릇 하리로다…"

– 요한계시록 5:9-10

"너희도 산 돌 같이 신령한 집으로 세워지고 예수 그리스도로 말미암아
하나님이 기쁘게 받으실 신령한 제사를 드릴 거룩한 제사장이 될지니라.
…너희는 택하신 족속이요 왕 같은 제사장들이요
거룩한 나라요 그의 소유가 된 백성이니 이는 너희를
어두운 데서 불러내어 그의 기이한 빛에 들어가게 하신 이의
아름다운 덕을 선포하게 하려 하심이라"
— 베드로전서 2:5, 9

12세기, 피터 왈도와 그를 따랐던 사람들에 의해 번역이 최초로 이루어지고[9]

유럽 구석구석으로 배포되기도 했지만

그들은 결국 교황이 보낸 십자군에 의해 무참히 학살됩니다.[10]

틴들 당신도...

성경을 원문에서 '영어'로 번역한다는 이유로

무려 11년간 가톨릭 세력에게 쫓기는 삶을 살다가

결국 붙잡혀, 종교재판을 당하고 처형되셨죠...[11]

그러나 당신이 기어코 해낸 '틴들역 영어성경'은 죽지 않고 살아서

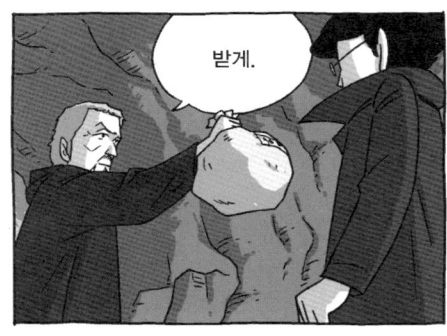

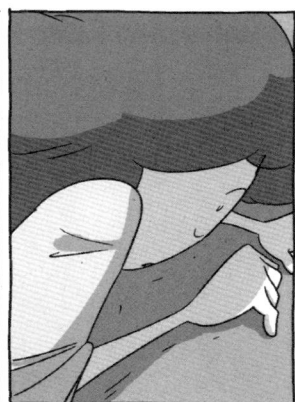

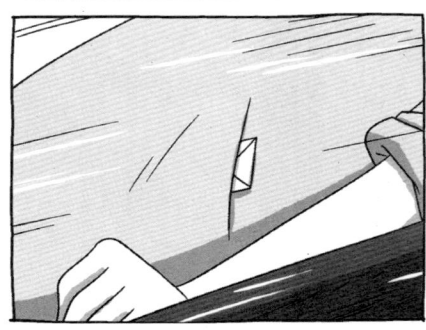

주

1. 윌리엄 틴들(William Tyndale, 1494-1536).

2. Frank Viola, George Barna, 『이교에 물든 기독교』(대장간 역간), 70.

3. Frank Viola, George Barna, 같은 글.

4. 1 Clement 40:5.

5. Frank Viola, George Barna, 같은 책, 179-180.

6. Karl Barth, *Theologische Fragen und Antworten* (1957), 183-184; Frank Viola, George Barna, 같은 책, 179에서 재인용.

7. 토마스 하딩(Thomas Harding, 1516-1572).

8. 롤라드파: 존 위클리프(John Wyclif)의 추종자들로, 틴들의 영어역 성경의 번역과 발간을 도움.

9. E. H. Broadbent, 『순례하는 교회』(전도출판사 역간), 130.

10. E. H. Broadbent, 같은 책, 140.

11. E. H. Broadbent, 같은 책, 289-290.

12. 데시데리우스 에라스무스(Desiderius Erasmus, 1466-1536).

CHAPTER 06
예빵의 재료
- 하나님의 계명

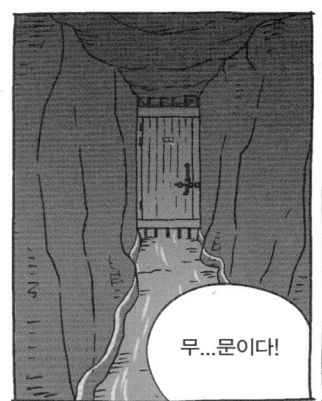

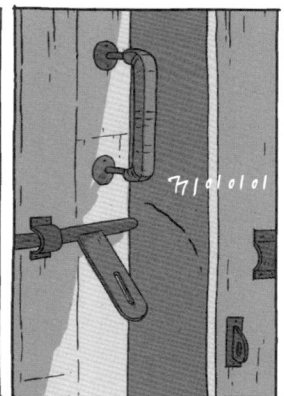

언제 그런 지경에 이른 것이죠?

에끌이...

그래서 지금 뭐가 필요합니까?

에빵의 두 번째 재료가...

아니, 에빵의 재료조차 없는 상황입니까?

"그러므로 누구든지 나의 이 말을 듣고 행하는 자는
그 집을 반석 위에 지은 지혜로운 사람 같으리니,
비가 내리고 창수가 나고 바람이 불어
그 집에 부딪치되 무너지지 아니하나니
이는 주추를 반석 위에 놓은 까닭이요"
― 마태복음 7:24-25

"너희가 나를 사랑하면 나의 계명을 지키리라.
…사람이 나를 사랑하면 내 말을 지키리니
내 아버지께서 그를 사랑하실 것이요
우리가 그에게 가서 거처를 그와 함께 하리라"

– 요한복음 14:15, 23

 주

1. 슈브(שוב): 돌이키다, 회복하다, 구약에서 '회개'의 의미로 쓰임.

2. 피터 왈도(Peter Waldo, 1140-1218).

3. E. H. Broadbent, 『순례하는 교회』(전도출판사 역간), 137.

4. 엔톨레(ἐντολή): 계명, 명령을 뜻하는 그리스어(마 5:19; 계 12:17).

CHAPTER 07
예빵의 재료
- 그리스도의 신실함

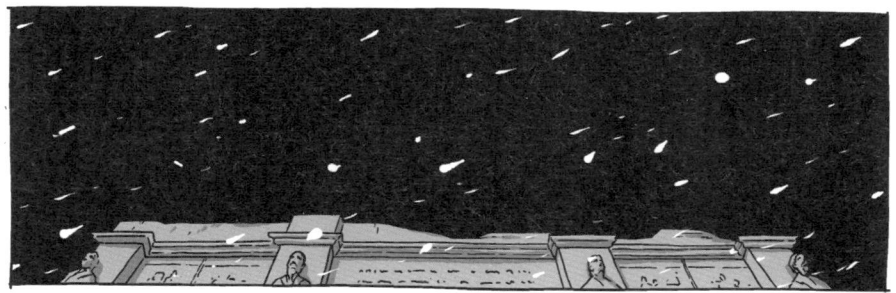

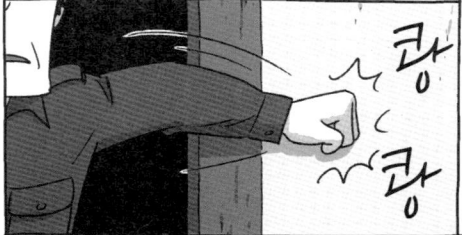

...사도 요한...?

왜... 둘째 재료 엔톨레를 들고 달아 나신 거죠?

자네를 셋째 재료로 이끌어오기 위해서였지.

말씀에 기록된
당신의 순종의 길
가운데...
정말 지극히
작은 것 하나라도
제 삶에서 열려서...
온전히... 온전히
당신을 따르도록
해주세요...
챙강
끼익
끼익
끽
PISTIS CHRISTOU

# 주

1. N. T. Wright, 『바울과 하나님의 신실하심(하)』(CH북스 역간), 354-357.

CHAPTER **08**

진리의 빵

"그날에 많은 사람이 나더러 이르되 '주여, 주여, 우리가
주의 이름으로 선지자 노릇 하며 주의 이름으로 귀신을 쫓아내며
주의 이름으로 많은 권능을 행하지 아니하였나이까' 하리니
그때에 내가 그들에게 밝히 말하되 '내가 너희를 도무지 알지 못하니
불법을 행하는 자들아 내게서 떠나가라' 하리라"

– 마태복음 7:22-23

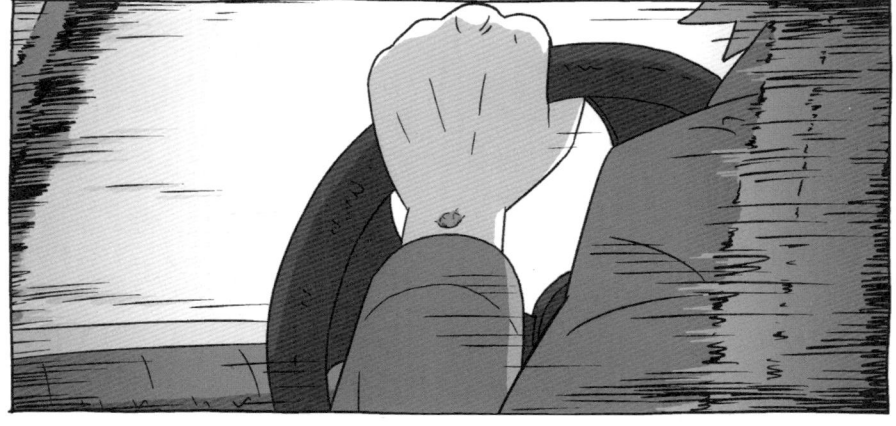

교회를 부탁해
예수님이 기뻐하시는 교회를 되찾아가는 비밀한 추리 여정

Copyright ⓒ 김민석 2018

1쇄 발행 2018년 12월 25일
9쇄 발행 2025년 2월 3일

지은이 김민석
펴낸이 김요한
펴낸곳 새물결플러스

편 집 왕희광 정인철 노재현 이형일 나유영 노동래
디자인 황진주 김은경
마케팅 박성민
총 무 김명화 이성순
영 상 최정호
아카데미 차상희

홈페이지 www.holywaveplus.com
이메일 hwpbooks@hwpbooks.com
출판등록 2008년 8월 21일 제2008-24호
주 소 (우) 04114 서울시 마포구 신촌로28가길 29
전 화 02) 2652-3161
팩 스 02) 2652-3191

ISBN 979-11-6129-086-7 07230

책값은 뒤표지에 있습니다.